BEI GRIN MACHT SICH IHR
WISSEN BEZAHLT

Niklas Seip

Nutzereinbindung in der Spieleentwicklung

GRIN Verlag

Bibliografische Information der Deutschen Nationalbibliothek:

Die Deutsche Bibliothek verzeichnet diese Publikation in der Deutschen National-
bibliografie; detaillierte bibliografische Daten sind im Internet über http://dnb.d-
nb.de/ abrufbar.

Impressum:

Copyright © 2011 GRIN Verlag GmbH
Druck und Bindung: Books on Demand GmbH, Norderstedt Germany
ISBN: 978-3-656-44360-5

Dieses Buch bei GRIN:

http://www.grin.com/de/e-book/215790/nutzereinbindung-in-der-spieleentwicklung

GRIN - Your knowledge has value

Der GRIN Verlag publiziert seit 1998 wissenschaftliche Arbeiten von Studenten, Hochschullehrern und anderen Akademikern als eBook und gedrucktes Buch. Die Verlagswebsite www.grin.com ist die ideale Plattform zur Veröffentlichung von Hausarbeiten, Abschlussarbeiten, wissenschaftlichen Aufsätzen, Dissertationen und Fachbüchern.

Besuchen Sie uns im Internet:

http://www.grin.com/

http://www.facebook.com/grincom

http://www.twitter.com/grin_com

Nutzereinbindung in der Spieleentwicklung

DHBW
Duale Hochschule
Baden-Württemberg

von

Niklas Seip

26. Januar 2011

Inhaltsverzeichnis

1. Einleitung

Jeder kennt und liebt es: In Computer- und Videospielen kann der Spieler in neue Charaktere schlüpfen. Mit Mario, Yoshi und Co. können neue Welten entdeckt, kniffelige Rätsel gelöst und spannende, wenn nicht sogar actionreiche Abenteuer erlebt werden.

Jeder weiß (aus eigener Erfahrung), dass der Nutzer während eines Spiels im Mittelpunkt steht, doch wie sieht das bei der Entwicklung aus?

„Anforderungen legen fest, welche Eigenschaften ein zu entwickelndes Softwaresystem besitzen soll." (1) Diese Anforderungen werden zum größten Teil durch die Bedürfnisse der Nutzer bestimmt. Daher spielt der spätere Nutzer bei der Spieleentwicklung eine immer größere Rolle. So wird schon bei der Erstellung des Konzepts auf die Wünsche des möglichen Nutzerkreises eingegangen. Abläufe, welche bei den Nutzern beliebt sind, werden gerne wieder verwendet und dementsprechend werden Abläufe, die nicht gut angenommen wurden, vermieden. Ein sehr wichtiger Zeitpunkt, bei dem der Nutzer ins Spiel kommt, ist kurz vor der Fertigstellung. Nun stehen die Tests an. „Viele Funktionen und Systemeigenschaften resultieren aus dem Ineinandergreifen aller Systemkomponenten und sind somit erst auf Ebene des Gesamtsystems beobachtbar und testbar." (2) Hierbei werden die Testnutzer auf eine fast fertige Version der Spiele losgelassen, wobei der Testzeitpunkt ist in den letzten Jahren nach vorne gerückt ist. „The increased input of players into these games has also had a marked influence on the way these games are developed." (3)

Doch auch nachdem ein Spiel veröffentlicht wurde, wird der Nutzer noch in die Weiterentwicklung mit einbezogen. Sogar während des Spielens kann der Nutzer noch Einfluss auf einige Spiele nehmen. Er kann die Künstliche Intelligenz der computergesteuerten Mitspieler bzw. Gegner nämlich mittlerweile durch seine Spielart beeinflussen.

Eine zusätzliche Möglichkeit in die Spieleentwicklung einzugreifen, hat der Nutzer, indem er eigene Inhalte kreiert.

Neuerdings soll der Nutzer auch auf eine ganz besondere Art in die Spiele und somit auch die Spieleentwicklung einbezogen werden – als Bedienelement. „This system

replaces the mouse with the human face as a new way to interact with the computer." (4) Dies sorgt für ein vollkommen neues Spielgefühl, welches beim Nutzer erzeugt wird. Im Folgenden wird betrachtet wie die Nutzer in die Spieleentwicklung integriert werden und welche Vorteile dies bringt.

Zuerst werden die theoretischen Grundüberlegungen vorgestellt, in denen es vor allem um die praktischen Beta-Tests der Spieleentwicklung gehen soll. Was versteht man unter einem Beta-Test und inwiefern wird der Nutzer durch diesen an der Entwicklung eines neuen Spiels beteiligt? Weiterhin wird es auch darum gehen, wie der Nutzer seine Verbesserungsvorschläge äußert und auch in der Lage ist, eigene Spielinhalte zu entwickeln.

Anschließend werde ich die Möglichkeiten der Nutzereinbindung bei der Spieleentwicklung noch einmal genauer betrachten, wobei ich auch darauf eingehen werde, welche Vor- und Nachteile es bei diesen Methoden gibt.

In dem vierten Teil der Arbeit werde ich alle Ergebnisse zusammentragen und kommentierend darstellen. Abschließend soll ein möglicher Ausblick in die zukünftige Spieleentwicklung gegeben werden.

2. Theoretische Überlegungen

2.1. Beta-Test

Der sogenannte Beta-Test ist eine Prüfung des fast fertigen Spiels durch einen ausgewählten Nutzerkreis. Dieser ausgewählte Kreis an Personen soll schon vor der Veröffentlichung das Spiel auf Herz und Nieren prüfen und möglichst viele Fehler in der aktuellen Version finden und benennen. Außerdem soll er Inhalte, die ihm gar nicht gefallen, kritisch beurteilen und somit dazu beitragen, das Spiel noch zu verbessern bevor es für alle zugänglich gemacht wird. Dies hilft nicht nur dem Entwickler, da er ein Spiel mit weniger Fehlern hat, sondern auch dem späteren Nutzer, da dieser sich nicht über solche Dinge ärgern muss.

Diese vorab stattfindenden Tests gibt es sowohl bei Videospielen, als auch bei Brettspielen, Handyspielen oder ähnlichem. Allerdings sind sie bei Videospielen am

verbreitetesten. Vor allem bei Handyspielen finden die Tests meistens nur firmenintern statt.

In dem Videospielsektor werden die Betatests explizit untergliedert. Entweder finden sie firmenintern statt oder werden mit Hilfe von Nutzern durchgeführt. Die Nutzer werden in diesen Fällen ausgewählt, wodurch der Personenkreis stark limitiert ist. Häufig ist es auch der Fall, dass sich interessierte Anwender für einen offenen Betatest anmelden können. Diese Variante, bei der die Testversion theoretisch jedem Interessenten zur Verfügung steht, nennt man einen offenen Beta-Test. „Die Hersteller liefern hierzu stabile Vorabversionen der Software an einen ausgewählten Kundenkreis, der den Markt für die Software gut repräsentiert oder dessen Produktivumgebungen die verschiedenen möglichen Umgebungen gut abdecken." (2)

Für die Betatests wird oft schon im Voraus Werbung gemacht. „In der Mitte Januar startenden Betaphase […] habt ihr die Möglichkeit, die Tutorial-Missionen der Kampagne sowie einige Skirmishkarten für Mehrspielerpartien auszuprobieren und mit den Entwicklern in einem geschlossenen Forum zu diskutieren." (5) Dadurch soll die entsprechende Zielgruppe auf den Test aufmerksam gemacht werden.

Brettspiele werden ebenfalls in einem ausgewählten Kreis getestet, um eventuelle Verbesserungen einfließen zu lassen. Im Endeffekt sind die Abläufe beider Spielsektoren aber sehr ähnlich und dienen dem gleichen Zweck. Das Spiel soll durch die Einbindung des Nutzers vorab getestet und verbessert werden. Ein weiterer Vorteil für den Entwickler ist, dass keine größeren Kosten entstehen, da die Nutzer den Test kostenlos durchführen. Bei Videospielen kann so auch getestet werden, ob das Spiel stabil läuft wenn z.B. mehrere Nutzer gleichzeitig miteinander spielen.

Durch die Beta-Tests entsteht jedoch auch ein gewisses Risiko für den Entwickler. Testnutzer könnten die nicht fertige Version des Spiels weitergeben und somit Außenstehenden einen falschen Eindruck von dem Spiel vermitteln. Dies ist schon des Öfteren vorgekommen und Nutzer, die die Veröffentlichung nicht mehr abwarten konnten, haben sich dann an der illegal weiterverbreiteten Testversion versucht. So kann schon vor dem Erscheinungstermin und der eigentlichen Fertigstellung des Spiels eine negative Meinung über das Spiel entstehen. Dies ist im Bereich der Brettspiele nicht wirklich eine Gefahr, da normalerweise nur ein Testspiel vorhanden ist und man das Testobjekt von dem Entwickler selbst entwenden müsste.

Fraglich bleibt an dieser Stelle, inwiefern der Nutzer seine Meinung an den Hersteller übermittelt. Gibt es auch nach den Beta-Tests noch die Möglichkeit für den Nutzer, Verbesserungsvorschläge anzubringen?

2.2. Feedback des Nutzers

Die Ergebnisse der Beta-Tests werden durch ein Feedback der Tester an die Entwicklungsfirma übermittelt, meist in der Form eines kurzen Fragebogens. Doch auch nach der Veröffentlichung eines Spiels wird der Nutzer noch in die Spieleentwicklung mit einbezogen. Denn es wird sicherlich noch weitere Spieleneuerscheinungen geben und so ist der Entwickler an dem Feedback des Nutzers interessiert. Durch Umfragen, Briefe, E-Mails oder Einträgen in Foren, welche die Meinung der Nutzer wiederspiegeln, werden sowohl positive als auch negative Punkte eines veröffentlichten Spiels aufgenommen und bei späteren Spieleentwicklungen bzw. -weiterentwicklungen mit einbezogen. So hat Robert Bowling, Community-Manager von Infinity Wards, beispielsweise veröffentlicht: „Spieler könnten nun Feedback jeder Art über Anruf oder SMS loswerden." (6) Ähnliches war auch von Shinji Hashimoto von der Firma Square Enix zu hören, denn um Informationen bekannt zu geben, benutzen Spieleentwickler immer häufiger den Kurznachrichtendienst Twitter. "Er [Shinji Hashimoto] ist der Meinung, dass dieser Service gerade für Spieleentwickler eine gute Plattform sei, um Infos in Echtzeit weiterzugeben und im Gegenzug bekommt man von den Fans, ebenfalls in Echtzeit, deren Feedback." (7) Dies zeigt, dass die Entwicklerfirmen den direkten Kontakt zu den Nutzern suchen. Teilweise wird das Feedback auch genutzt, um ein bereits erschienenes Spiel durch sogenannte Patches[1] zu verbessern. Dies ist allerdings oft nur bei Fehlern in dem Spiel der Fall und nicht bei Abläufen, die nicht gut vom Nutzer angenommen wurden.

---

[1] Patch: Nachbesserung an bereits veröffentlichter Software

2.3. Künstliche Intelligenz vs. Nutzer

Der Nutzer gibt jedoch nicht nur über mögliche Fehler in dem Spiel sein Feedback ab, sondern auch über die möglichen Gegenspieler, die meist durch eine künstliche Intelligenz (KI) dargestellt werden. Durch die KI wird der Spieler auch indirekt in der Spieleentwicklung berücksichtigt. Das Verhalten der computergesteuerten Mit- bzw. Gegenspieler, betrügt den Nutzer nie und „sie greift keine Informationen vom Eingabegerät des Spielers ab oder macht nie etwas, was der Spieler nicht auch selber tun könnte". (8) Trotzdem hat der Nutzer indirekt Einfluss auf das Verhalten der computergesteuerten Gegner bzw. Mitspieler. So wird die Künstliche Intelligenz mittlerweile bei manchen Spielen nicht mehr vorprogrammiert, sondern der Spieler ist der entscheidende Faktor. Die KI passt sich dem Nutzer nämlich an. „Auf diese Art lehrt er das Spiel selber, intelligente Spielzüge durchzuführen." (8) So reagiert der computergesteuerte Gegner nicht mehr nur durch sich wiederholende Algorithmen, sondern lernt vom jeweiligen Nutzer. Dieses indirekte Einbeziehen des Nutzers muss schon bei der Spieleentwicklung berücksichtigt werden und macht das spätere Spiel für den Nutzer sehr viel abwechslungsreicher und auch ein wenig schwieriger. Für die Spieleentwicklung hat sich so ein neuer Bereich ergeben. "[...] Die Erforschung der Mechanismen des Lernens und die Entwicklung maschineller Lernverfahren [stellt] eines der wichtigsten Teilgebiete der KI [dar] [...]." (9)
Doch über KI hinaus gibt es noch andere Möglichkeiten, um den Nutzer eines Spiels aktiv in dessen Entwicklung einzubinden.

2.4. Zusatzinhalte von den Nutzern

Bei vielen Spielen ist außerdem ein Level-Editor integriert, mit dem der Nutzer neue Level erstellen kann. Diese wiederum kann der Nutzer dann im Internet zur Verfügung stellen. Parallel zu dieser Einbindung des Nutzers in die Spielentwicklung hat sich eine eigene Szene entwickelt, welche Modifikationen oder Erweiterungen für Spiele entwerfen. Diese basieren meistens auf den Originalspielen. Teilweise können diese von dem Nutzer entwickelten Zusätze sogar so erfolgreich sein, dass sie letztendlich

von Spielepublishern[2] vertrieben werden. „Some programs are originally developed in the mod scene, and then bought by game companies and released commercially." (3) In diesem Fall wäre also der Nutzer der eigentliche Entwickler des Spiels, was einigen Spielen sogar den entscheidenden Reiz verleiht. Man denke nur an Spiele wie „Half-Life", die ohne die Kreativität des Nutzers bei Weitem nicht so erfolgreich und abwechslungsreich wären.

2.5. Der Nutzer als Bedienelement

Dank der raschen Entwicklung der modernen Technik, gibt es einen neuen Ansatz in der Spieleentwicklung - Dem Nutzer soll die Steuerung von Spielen erleichtert werden, indem er die Steuerung nicht mehr mit einer Maus, einem Gamepad oder ähnlichem durchführt, sondern dazu ganz intuitiv die Augen, die Hände oder ähnliches einsetzt. „Computer können uns heute fast alles zeigen, wir aber sind nach wie vor auf umständliche Prothesen angewiesen, um uns ihnen verständlich zu machen." (10) Um diese Art der Bedienung zu ermöglichen muss schon bei der Spieleentwicklung eine ganz neue Schnittstelle berücksichtigt werden. Soll die Maus beispielsweise mit den Augen gesteuert werden, wird die Blickrichtung mit Hilfe einer Kamera festgestellt und der Zeiger entsprechend bewegt. Eine andere Möglichkeit ist es, das Klicken der Maus durch eine solch alternative Steuerung zu realisieren. „We use the human feature Eyes to simulate mouse clicks, so the user can fire their events as he blinks." (4) Die aktuelle Generation der Videospielekonsolen setzt auch auf die Bewegungssteuerung, um den Nutzer in das Spielgeschehen einzubinden. Diese Art der Nutzereinbindung ermöglicht dem Spieler völlig neue Spielerlebnisse, die jedoch bei der Entwicklungsphase schon mitgedacht werden müssen. Doch welche Kriterien nutzen die Spieleentwickler, um feststellen zu können, dass die Zielsetzung, den Nutzer noch besser in das Spiel einbinden zu können, auch erfolgreich umgesetzt wurde?

---

[2] Spielepublisher: Unternehmen, welches Spiele vertreibt

2.6. Kriterien

Das Ziel der Spieleentwickler ist es, den Nutzer so gut wie irgendwie möglich in ein Spiel eintauchen zu lassen und ihn somit so lange wie möglich an das Spielgeschehen zu fesseln. Als Kriterium für eine erfolgreiche Nutzereinbindung in der Spieleentwicklung lässt sich also die Integration des Nutzers selbst heranziehen. Gleichzeitig entscheidet die gute Zusammenarbeit mit dem Nutzer auch über den Erfolg des Spiels. So lassen sich beispielsweise die Verkaufszahlen heranziehen, um eine erfolgreiche Nutzerintegration festzustellen. Fühlen sich die Nutzer bereits in der Entwicklungsphase eines Spiels in den Prozess eingebunden und auch ernst genommen, so wird das Spiel sicher mehr Erfolg haben als wenn der Nutzer sich fragt, wieso er seine Meinung äußern soll, wenn diese nicht berücksichtigt wird.

Deutlich wurde bisher aber schon, dass die Spieleentwickler sehr unterschiedliche und vielfältige Möglichkeiten haben, den späteren Nutzer in die Spieleentwicklung einzubinden.

3. Vielfache Einbindung der Nutzer in der Spieleentwicklung

Das Ziel der Spieleentwickler ist es, den Nutzer möglichst tief in die Spielwelt eintauchen zu lassen, wodurch sich die Spieleproduzenten höhere Verkaufszahlen erhoffen. Zu einer intensiveren Spieleransprache wird u.a. eine vielfache Einbindung der Nutzer in die Spieleentwicklung vorgenommen. Man kann dabei zwei Arten von Nutzereinbindung unterscheiden: Einerseits existiert die Einbindung in die eigentliche Spieleentwicklung. Andererseits wird der Nutzer nach der Veröffentlichung des Spiels bzw. während des Spielens selbst eingebunden, indem er beispielsweise eigene Level entwickeln kann. Während der Entwicklung wird versucht, das Spiel so zu gestalten, dass eine möglichst große Anzahl an Nutzern angesprochen wird. Des Weiteren versucht man das Spiel so zu konzipieren, dass der Nutzer vielseitig in das Spiel integriert wird und somit ein dauerhafter Spielspaß entsteht. Damit diese Ziele erreicht werden können, macht man sich das Feedback der Nutzer zu Nutze. So können

beispielsweise Spielelemente, die nicht gut oder gar nicht angenommen wurden, direkt ausgeschlossen werden. Der Beta-Test, der kurz vor der Veröffentlichung durchgeführt wird, ist ein weiterer Schritt um zu testen, ob das Spiel von den Nutzern angenommen wird. Durch die direkte Einbindung des Nutzers erhält der Hersteller eine Rückmeldung der späteren Zielgruppe und kann letzte Fehler ausbessern. Ein großer Vorteil ist auch das Testen unter Realbedingungen. So entspricht die Computerausstattung, mit der getestet wird, der der späteren Zielgruppe und es kann auch das Zusammenspiel verschiedener Hardware bzw. auch verschiedener Nutzer, getestet werden.

Während der Entwicklung wird teilweise auch eine Künstliche Intelligenz verwendet, welche sich dem Nutzer anpasst. Dies sorgt während des Spielens für eine bessere Integration des Nutzers, da die computergesteuerten Charaktere nicht mehr allzu künstlich und vorhersehbar wirken. Zwar bezieht sich die Künstliche Intelligenz und somit auch die Nutzereinbindung erst auf das spätere Spielvergnügen, jedoch müssen schon bei der Entwicklung besonderen Maßnahme ergriffen werden, um den Spieler später besser in das Spiel einbinden zu können. Außerdem muss der spätere Nutzer bereits bei der Entwicklung im Fokus der Produzenten stehen.

Durch das Umsetzen von intuitiven Steuerungsmöglichkeiten, wie z.B. das Steuern der Maus mit den Augen, wird der Nutzer noch tiefer in die Spielwelt eingebunden.

Nachdem ein Spiel veröffentlicht wurde, wird der Nutzer weiterhin integriert, indem es oft möglich ist, eigene Level oder Modifikationen zu entwickeln und anderen Nutzern bereitzustellen. Dies lässt den Nutzer selbst in die Rolle des Entwicklers schlüpfen und sorgt indirekt für eine Zusammenarbeit zwischen Entwickler und Nutzer. Oft sind Erweiterungen von Nutzern schon so erfolgreich gewesen das sie von Unternehmen vermarktet wurden. Gleichzeitig verlängert eine solche Einbindung des Nutzers auch den Lebenszeitraum eines Spiels. Das Ziel der Spieleentwickler muss es also sein, den Nutzer bestmöglich in die Spieleentwicklung einzubinden, um ihren eigenen Marktwert zu steigern und somit ihr „Überleben" zu sichern.

4. Ergebnisse

Die Spieleentwickler versuchen den Nutzer auf möglichst viele Wege in die Spieleentwicklung und darüber hinaus in den Entwicklungsprozess einzubinden. Anhand der aufgeführten Methoden kann man erkennen, dass die Bedeutung des Nutzers immer weiter gestiegen ist und es wahrscheinlich auch weiterhin tun wird. Nicht zuletzt, weil dieser am Ende darüber entscheidet, ob ein Spiel erfolgreich ist oder nicht. Die Einbindung bei Beta-Tests ist schon länger der Fall. Allerdings ist der Zeitpunkt nach vorne verlegt worden. Neuerdings wird immer häufiger mit dem Nutzer als Bedienelement gearbeitet. So wird das Steuern der Maus ohne Zusatzgeräte getestet oder die Steuerung von Spielen mit Hilfe von Bewegungen. Der Nutzer sitzt nicht mehr starr vor dem Spiel, sondern nimmt nun interaktiv am Spiel teil. Dies lässt den Nutzer viel tiefer in die Spielwelt eintauchen und soll für länger anhaltenden Spielspaß sorgen. Wie wichtig die Bewegungssteuerung geworden ist, sieht man beispielsweise an der aktuellen Videospiele-Konsolengeneration. Nintendo hat mit der Nintendo Wii eine völlig neue Steuerung auf den Markt gebracht. Da dieses Konzept so erfolgreich war hat die Konkurrenz mittlerweile nachgezogen. Die Bewegungssteuerung ist somit zu einem festen Bestandteil der Spieleentwicklung geworden. Der Nutzer ist schon heute sehr gut in der Spieleentwicklung und darüber hinaus integriert. Die Mischung aus den verschiedenen Möglichkeiten der Nutzereinbindung führt hierbei zum Erfolg. Von vielen Unternehmen wird die Nutzereinbindung während der Spieleentwicklung schon vielfach wahrgenommen, um sicher gehen zu können, dass ihr Spiel eine positive Reaktion und vor allem positive Verkaufszahlen hervorruft.

5. Fazit

Man kann feststellen, dass die Spieleentwickler immer wieder neue Wege gehen, um den Nutzer möglichst gut zu integrieren. Deutlich wurde hierbei, dass sich verschiedene Wege etabliert haben, andere aber wieder verworfen wurden. Unter

anderem ist es in gewissen Bereichen der Spieleentwicklung zum Standard geworden, ein fast fertiges Spiel als Beta-Version vom Nutzer testen zu lassen.

Die dynamische Künstliche Intelligenz, welche sich dem Nutzer anpasst, ist ebenfalls auf dem Vormarsch. In gewissen Bereichen hat sie sich schon durchgesetzt und soll für einen größeren Spielspaß sorgen. Gleichzeitig soll immer weniger auffallen, dass es sich um computergesteuerte Charaktere handelt.

Es lässt sich feststellen, dass die Spieleentwickler erkannt haben wie wichtig die Einbindung der Nutzer ist und versuchen dies auch immer besser umzusetzen. Dabei ist dies sowohl für die Entwickler, als auch für den Nutzer von Vorteil. Der Nutzer hat so nämlich einen gewissen Einfluss auf die Inhalte des Spiels und bekommt ein Spiel mit weniger Fehlern. Des Weiteren hat er mehr Spielspaß, da er auf verschiedensten Wegen am Spiel teilnimmt.

Zukünftig wird wahrscheinlich noch mehr mit der Bewegungssteuerung experimentiert werden. Die Nutzer sollen möglichst durch alle Sinne in ein Spiel integriert werden, was sich an der rasanten Entwicklung des Einsatzes der 3D-Technik erkennen lässt. Denkbar wäre es hier, dass nicht nur Bewegungen des Nutzers eingesetzt werden, sondern auch der Geruchssinn integriert wird. Ein vielleicht nicht allzu ferner Zukunftstraum der Spieleentwicklung ist es auch, die Möglichkeiten des menschlichen Gehirns zu nutzen. Beispielsweise wären Spiele denkbar, bei denen der Nutzer das Gefühl hat, an der Realität des Spiels aktiv teilzunehmen, während er sich in der Realität in einer Art Schlafzustand befindet (Idee des Films „Avatar").

6. Literaturverzeichnis

1. **Balzert, Helmut.** Lehrbuch der Softwaretechnik: Basiskonzepte und Requirements Engineering. *Lehrbuch der Softwaretechnik: Basiskonzepte und Requirements Engineering.* Heidelberg : Spektrum Akademischer Verlag, 2009, IV, S. 437.

2. **Spillner, Andreas und Linz, Tilo.** Basiswissen Softwaretest. [Buchverf.] Tilo Linz Andreas Spillner. *Basiswissen Softwaretest.* Heidelberg : dpunkt.verlag, 2004, S. 65.

3. **Morris, Sue.** *WADs, Bots and Mods: Multiplayer FPS Games as Co-creative Media.* Queensland : s.n., 2003.

4. **Sumathi, S., Srivatsa, Dr. S. K. und Maheswari, Dr. M. Uma.** Vision Based Game Development Using Human. *International Journal of Computer Science and Information Security, Vol. 7, No. 1, 2010.* 2010, S. 147-153.

5. **4Players.** 4Players.de. *4Players.de.* [Online] 4Players GmbH, 18. Januar 2010. [Zitat vom: 16. Januar 2011.] http://www.4players.de/4players.php/microsite/Allgemein/19263/18069/Die_Siedler _7_-_Betatest/.

6. **PcGames.** pcgames.de. *pcgames.de.* [Online] 23. Juli 2010. [Zitat vom: 11. Januar 2011.] http://www.pcgames.de/Infinity-Ward-Firma-25501/News/Infinity-Ward-User-Feedback-per-SMS-und-Telefon-moeglich-756968/.

7. **Daniel.** Wii Tower. *Wii Tower.* [Online] 14. Juli 2010. [Zitat vom: 16. Januar 2011.] http://www.wiitower.de/news/19337-Hashimoto-diskutiert-%C3%BCber-die-Wichtigkeit-von-Twitter-f%C3%BCr-Spieleentwickler/.

8. **Bolduan, Gordon.** heise.de. *heise.de.* [Online] 13. Dezember 2010. [Zitat vom: 28. Dezember 2010.] http://www.heise.de/tr/artikel/Unsere-KI-betruegt-nie-1150754.html.

9. **Ertel, Wolfgang.** Grundkurs Künstliche Intelligenz - Eine praxisorientierte Einführung. *Grundkurs Künstliche Intelligenz - Eine praxisorientierte Einführung.* Heidelberg : Vieweg+Teubner; 2. Auflage, 2009.

10. **Stöcker, Christian.** Spiegel.de. *Spiegel.de.* [Online] SPIEGEL ONLINE GmbH, 11. Mai 2010. [Zitat vom: 15. Januar 2011.] http://www.spiegel.de/netzwelt/gadgets/0,1518,694016,00.html.